Impressum
Verlag: BABADADA GmbH, Nedderfeld 112 , 22529 Hamburg
Geschäftsführer / Verlagsleitung: Harald Hof
Druck: Books on Demand GmbH, In de Tarpen 42, 22848 Norderstedt

Imprint
Publisher: BABADADA GmbH, Nedderfeld 112 , 22529 Hamburg, Germany
Managing Director / Publishing direction: Harald Hof
Print: Books on Demand GmbH, In de Tarpen 42, 22848 Norderstedt

школа
σχολείο

учиона
σχολική τάξη
делити
διαιρώ
186/2
плоча
πίνακας
школско двориште
σχολική αυλή
наставник
δάσκαλος
папир
χαρτί
писати
γράφω
хемијска оловка
στυλό
писаћи стол
γραφείο
лењир
χάρακας
књига
βιβλίο
ученик
μαθητής

торба
σχολική τσάντα

перница
κασετίνα/ μολυβοθήκη

графитна оловка
μολύβι

шиљило за оловке
ξύστρα

гумица за брисање
γόμα

блок за цртање
μπλοκ ζωγραφικής

2 школа - σχολείο

цртеж

ζωγραφική

кист

πινέλο

кутија са бојама

κουτί χρωμάτων

маказе

ψαλίδι

лепило

κόλλα

бележница

τετράδιο ασκήσεων

домаћи задатак

εργασία για το σπίτι

број

αριθμός

сабирати

προσθέτω

одузимати

αφαιρώ

множити

πολλαπλασιάζω

рачунати

υπολογίζω

слово

γράμμα

абецеда

αλφάβητο

реч

λέξη

текст
....
κείμενο

читати
....
διαβάζω

креда
....
κιμωλία

час
....
μάθημα

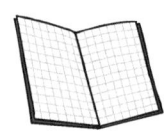

дневник
....
εγγράφομαι

испит
....
τεστ

сведочанство
....
πιστοποιητικό

школска униформа
....
μαθητική στολή

образовање
....
εκπαίδευση

лексикон
....
εγκυκλοπαίδεια

универзитет
....
πανεπιστήμιο

микроскоп
....
μικροσκόπιο

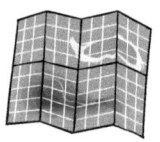

карта
....
χάρτης

кошара за папир
....
καλάθι αχρήστων

хотел
ξενοδοχείο
преноћиште
ξενώνας
мењачница
ανταλλακτήρια συναλλάγματος
кофер
βαλίτσα
ауто
αυτοκίνητο

језик

γλώσσα

да / не

ναι / όχι

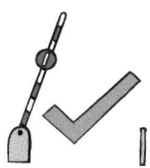

океј

εντάξει

здраво

γεια σου

преводилац

μεταφραστής

хвала

Ευχαριστώ

Колико кошта...?

πόσο κάνει ;

не разумем

Δε καταλαβαίνω

проблем

πρόβλημα

добро вече!

Καλησπέρα!

Добро јутро!

Καλημέρα!

Лаку ноћ!

Καληνύχτα!

довиђења

Αντίο

смер

κατεύθυνση

пртљага

αποσκευές

торба

τσάντα

руксак

σακίδιο πλάτης

гост

καλεσμένος

соба

δωμάτιο

врећа за спавање

υπνόσακος

шатор

σκηνή

туристичке информације

τουριστικές πληροφορίες

плажа

παραλία

кредитна картица

πιστωτική κάρτα

доручак

πρωινό

ручак

μεσημεριανό

вечера

δείπνο

карта за вожњу

εισιτήριο

лифт

ανελκυστήρας

поштанска маркица

γραμματόσημο

граница

σύνορα

царина

τελωνείο

амбасада

πρεσβεία

виза

βίζα

пасош

διαβατήριο

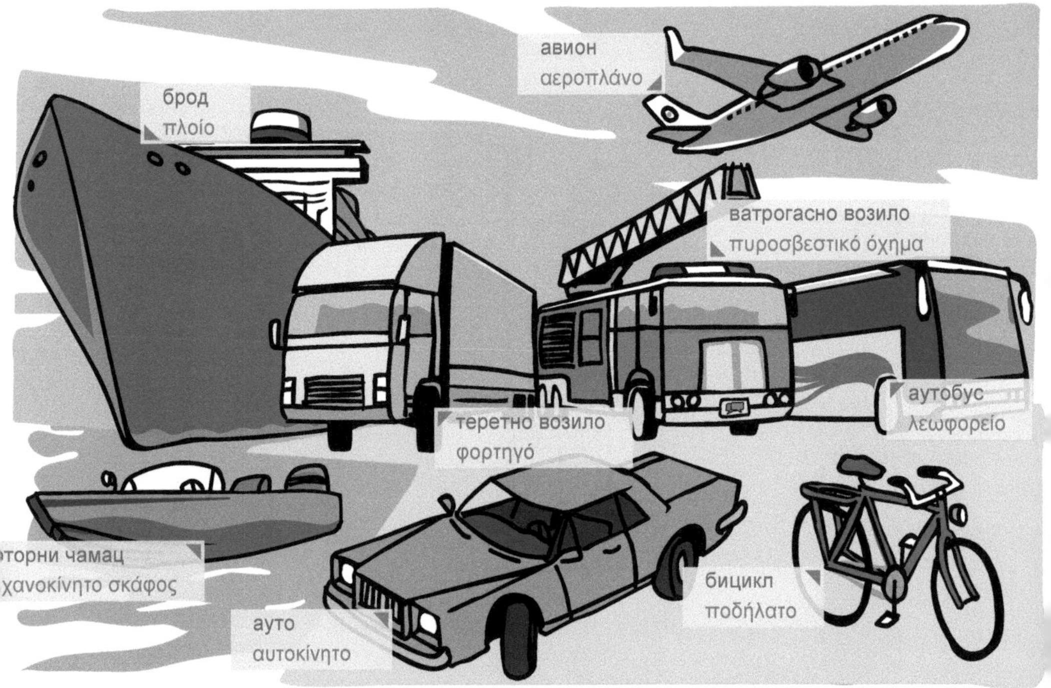

авион
αεροπλάνο
брод
πλοίο
ватрогасно возило
πυροσβεστικό όχημα
аутобус
λεωφορείο
теретно возило
φορτηγό
торни чамац
χανοκίνητο σκάφος
бицикл
ποδήλατο
ауто
αυτοκίνητο

трајект
φεριμπότ

чамац
βάρκα

мотоцикл
μοτοσικλέτα

полицијски ауто
περιπολικό

тркаћи ауто
αγωνιστικό αυτοκίνητο

изнајмљено ауто
ενοικιαζόμενο αυτοκίνητο

делење аутомобила

διαμοιρασμός αυτοκινήτων

вучно возило

γερανός

возило за одвоз смећа

απορριμματοφόρο

мотор

κινητήρας

бензин

καύσιμο

бензинска станица

βενζινάδικο

саобраћајни знак

πινακίδα σήμανσης

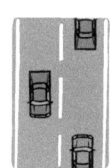

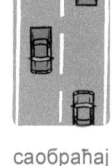

саобраћај

κυκλοφορία

застој

κυκλοφοριακή συμφόρηση

паркиралиште

χώρος στάθμευσης

железничка станица

σιδηροδρομικός σταθμός

шине

σιδηροδρομικές γραμμές

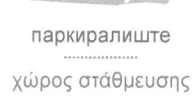

воз

τρένο

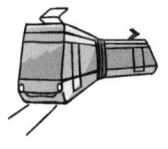

трамвај

τραμ

вагон

βαγόνι

хеликоптер
ελικόπτερο

аеродром
αεροδρόμιο

кула
πύργος

путник
επιβάτης

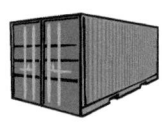

контејнер
εμπορευματοκιβώτιο

картон
χαρτοκιβώτιο

колица
καρότσι

корпа
καλάθι

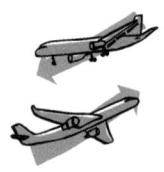

узлетети / слетети
απογειώνομαι /
προσγειόνομαι

град
πόλη

село
χωριό

центар града
κέντρο της πόλης

кућа
σπίτι

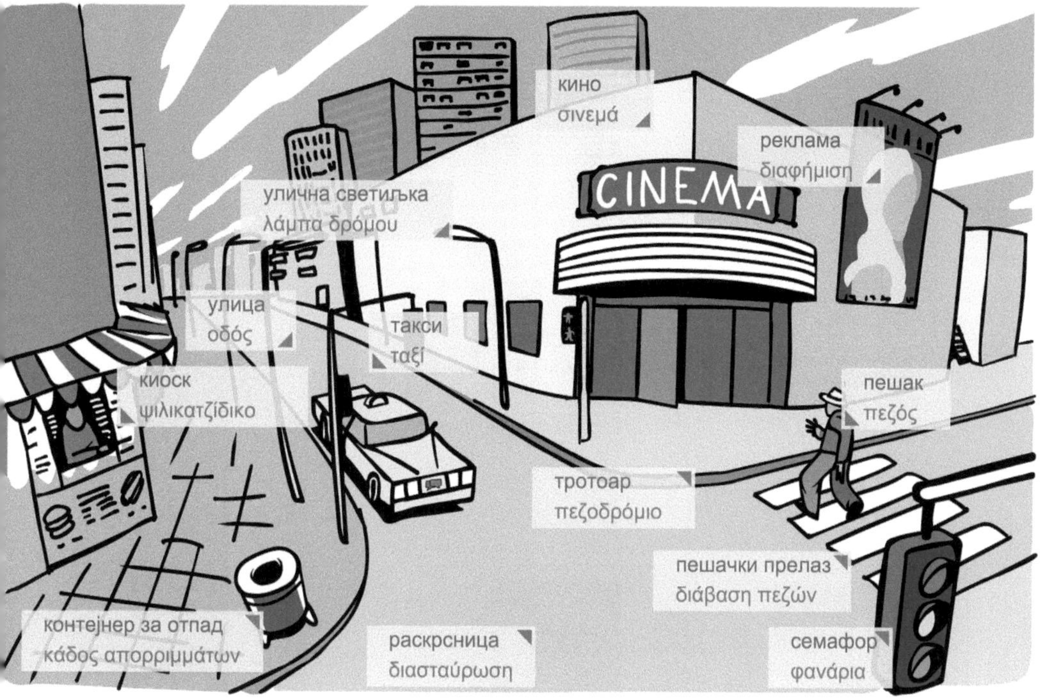
кино
σινεμά
CINEMA
реклама
διαφήμιση
улична светиљка
λάμπα δρόμου
улица
οδός
такси
ταξί
киоск
ψιλικατζίδικο
пешак
πεζός
тротоар
πεζοδρόμιο
пешачки прелаз
διάβαση πεζών
контејнер за отпад
κάδος απορριμμάτων
раскрсница
διασταύρωση
семафор
φανάρια

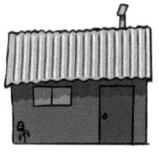

колиба

καλύβα

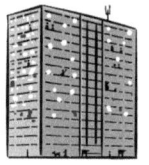

стан

διαμέρισμα

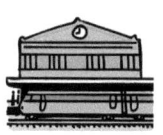

железничка станица

σιδηροδρομικός σταθμός

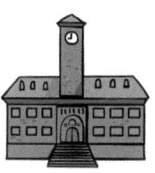

већница

δημαρχείο

MUSEUM

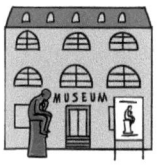

музеј

μουσείο

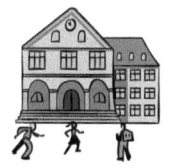

школа

σχολείο

универзитет

πανεπιστήμιο

банка

τράπεζα

болница

νοσοκομείο

хотел

ξενοδοχείο

апотека

φαρμακείο

канцеларија

γραφείο

књижара

βιβλιοπωλείο

продавница

κατάστημα

цвећара

ανθοπωλείο

супермаркет

σούπερ μάρκετ

трг

αγορά

робна кућа

πολυκατάστημα

рибарница

ιχθυοπωλείο

трговачки центар

εμπορικό κέντρο

лука

λιμάνι

парк

πάρκο

клупа

παγκάκι

мост

γέφυρα

степенице

σκάλες

подземна железница

μετρό

тунел

τούνελ

аутобуска станица

στάση λεωφορείου

бар

μπαρ

ресторан

εστιατόριο

поштанско сандуче

γραμματοκιβώτιο

улични знак

πινακίδα δρόμου

паркирни аутомат

παρκόμετρο

зоолошки врт

ζωολογικός κήπος

базен

πισίνα

џамија

τζαμί

град - πόλη

сеоско газдинство

αγρόκτημα

загађење околине

ρύπανση

гробље

νεκροταφείο

црква

εκκλησία

игралиште

παιδική χαρά

храм

ναός

пејсаж
τοπίο

лист
φύλλο

путоказ
πινακίδα κατεύθυνσης

пут
δρόμος

ливада
λιβάδι

камен
πέτρα

шетач
πεζοπόρος

дрво
δέντρο

река
ποτάμι

трава
χορτάρι

цвет
λουλούδι

долина

κοιλάδα

планина

λόφος

језеро

λίμνη

шума

δάσος

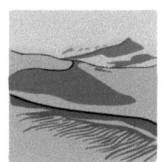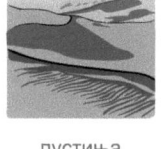

пустиња

έρημος

вулкан

ηφαίστειο

дворац

κάστρο

дуга

ουράνιο τόξο

гљива

μανιτάρι

палма

φοίνικας

москито

κουνούπι

мува

μύγα

мрав

μυρμήγκι

пчела

μέλισσα

паук

αράχνη

буба

σκαθάρι

жаба

βάτραχος

веверица

σκίουρος

јеж

σκαντζόχοιρος

зец

λαγός

сова

κουκουβάγια

птица

πουλί

лабуд

κύκνος

дивља свиња

αγριογούρουνο

јелен

ελάφι

лос

άλκη

насип

φράγμα

ветрењача

ανεμογεννήτρια

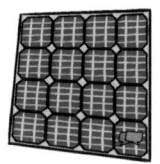

соларна плоча

ηλιακός συλλέκτης

клима

κλίμα

ресторан
εστιατόριο

конобар
σερβιτόρος
јеловник
κατάλογος
столица
καρέκλα
супа
σούπα
пица
πίτσα
прибор за јело
μαχαιροπίρουνα
столњак
τραπεζομάντιλο

предјело

ορεκτικό

главно јело

κύριο πιάτο

десерт

επιδόρπιο

напитци

ποτά

јело

φαγητό

флаша

μπουκάλι

брза храна

φαστ φουντ

имбис храна

φαγητό στ' όρθιο

чајник

τσαγιέρα

доза за шећер

δοχείο ζάχαρης

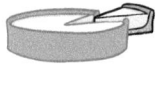

порција

μερίδα

апарат за еспресо

μηχανή εσπρέσο

висока столица

ψηλή καρέκλα

рачун

λογαριασμός

послужавник

δίσκος

нож

μαχαίρι

виљушка

πιρούνι

кашика

κουτάλι

чајна кашика

κουταλάκι του τσαγιού

салвета

πετσέτα φαγητού

чаша

ποτήρι

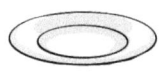

тањир

πιάτο

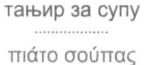

тањир за супу

πιάτο σούπας

тањирић

πιατάκι φλιτζανιού

сос

σάλτσα

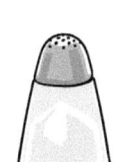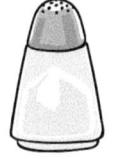

сољенка

αλατιέρα

млин за бибер

μύλος για πιπέρι

сирће

ξύδι

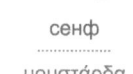

уље

λάδι

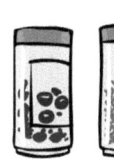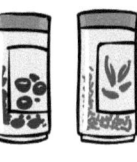

зачини

μπαχαρικά

кечап

κέτσαπ

сенф

μουστάρδα

мајонеза

μαγιονέζα

супермаркет

σούπερ μάρκετ

понуда
προσφορά
FOR
купац
πελάτης
млечни производи
γαλακτοκομικά προϊόντα
воће
φρούτα
колица за куповину
καρότσι για ψώνια

месница

κρεοπωλείο

пекара

φούρνος

вагати

ζυγίζω

поврће

λαχανικά

месо

κρέας

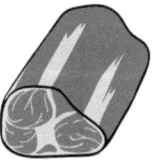

смрзнута храна

κατεψυγμένα τρόφιμα

нарезак

αλλαντικά

конзерве

κονσερβοποιημένη τροφή

средство за прање

απορρυπαντικό ρούχων

слаткиши

γλυκά

артикли за домаћинство

οικιακά είδη

средства за чишћење

καθαριστικά προϊόντα

продавачица

πωλήτρια

благајна

ταμείο

благајник

ταμίας

листа за куповину

λίστα για ψώνια

време рада

ωράριο λειτουργίας

новчаник

πορτοφόλι

кредитна картица

πιστωτική κάρτα

торба

τσάντα

пластична кеса

πλαστική σακούλα

напитци

ποτά

вода

νερό

сок

χυμός

млеко

γάλα

кола

κόκα κόλα

вино

κρασί

пиво

μπίρα

алкохол

αλκοόλ

какао

κακάο

чај

τσάι

кава

καφές

еспресо

εσπρέσο

капућино

καπουτσίνο

јело

φαγητό

банана

μπανάνα

јабука

μήλο

наранџа

πορτοκάλι

лубеница

πεπόνι

лимун

λεμόνι

шаргарепа

καρότο

бели лук

σκόρδο

бамбус

μπαμπού

лук

κρεμμύδι

гљива

μανιτάρι

орашасти плодови

ξηροί καρποί

резанци

νουντλς

шпагете

μακαρόνια

рижа

ρύζι

салата

σαλάτα

помфрит

πατατάκια

печени крумпир

τηγανητές πατάτες

пица

πίτσα

хамбургер

χάμπουργκερ

сендвич

σάντουιτς

шницла

κοτολέτα

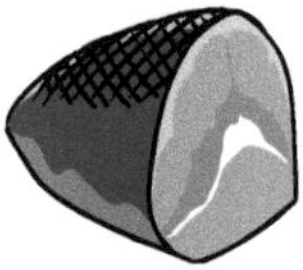

шунка

ζαμπόν

салама

σαλάμι

кобасица

λουκάνικο

кокош

κοτόπουλο

печење

ψητό

риба

ψάρι

зобене пахуљице

χυλός βρώμης

мусли

μούσλι

кукурузне пахуљице

κορν φλέικς

брашно

αλεύρι

кроасан

κρουασάν

пециво

ψωμάκι

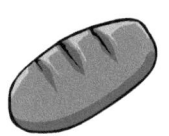

хлеб

ψωμί

тоаст

τοστ

кекси

μπισκότα

маслац

βούτυρο

свежи сир

τυρόπηγμα

колач

κέικ

јаје

αυγό

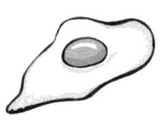

јаје на око

τηγανητό αυγό

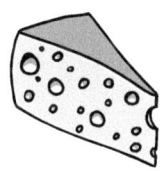

сир

τυρί

сладолед

παγωτό

шећер

ζάχαρη

мед

μέλι

мармелада

μαρμελάδα

нугат крема

άλλειμμα σοκολάτας

кари

κάρυ

сеоско газдинство

αγρόκτημα

сеоска кућа
αγρόσπιτο
бале сена
δεμάτι άχυρου
амбар
αχυρώνας
поље
χωράφι
коњ
αλόγο
приколица
ρυμουλκούμενο
трактор
τρακτέρ
ждребе
πουλάρι
магарац
γάιδαρος
овца
πρόβατο
лане
αρνί

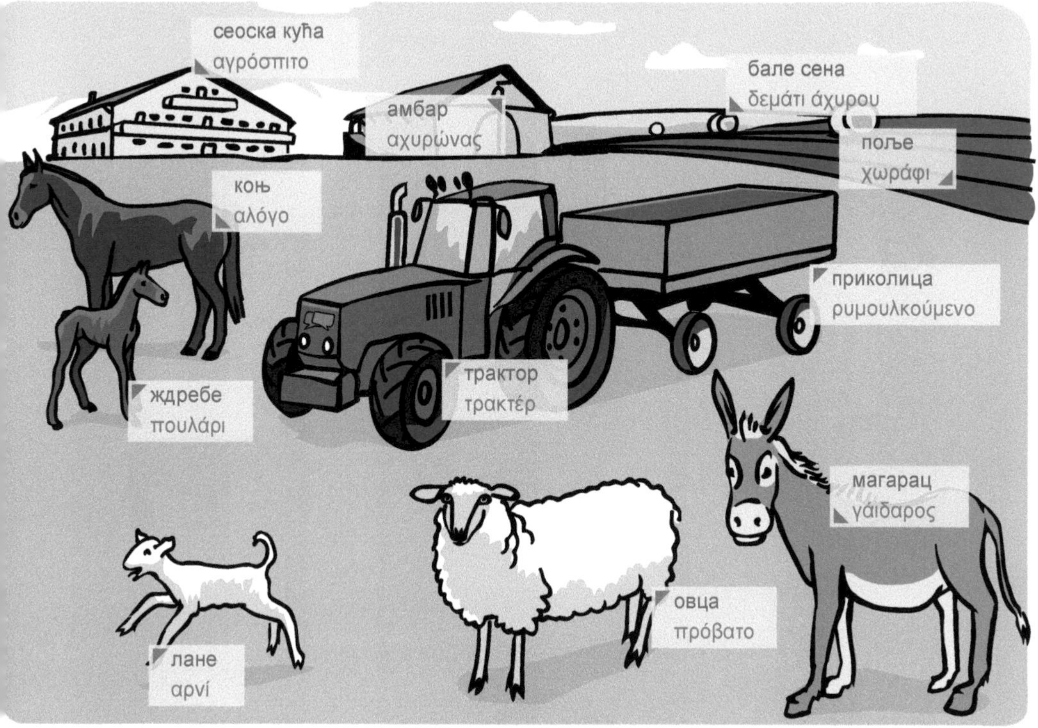

коза

κατσίκα

крава

αγελάδα

теле

μοσχαράκι

свиња

γουρούνι

прасе

γουρουνάκι

бик

ταύρος

гуска

χήνα

патка

πάπια

пилићи

κοτοπουλάκι

кокош

κότα

петао

κόκορας

пацов

αρουραίος

мачка

γάτα

миш

ποντίκι

вол

βόδι

пас

σκύλος

кућица за пса

σπιτάκι σκύλου

вртно црево

λάστιχο κήπου

канта за поливање

ποτιστήρι

коса

θεριστήρι

плуг

αλέτρι

срп

δρεπάνι

мотика

τσάπα

виљушка за ђубриво

δίκρανο

секира

τσεκούρι

тачке

χειράμαξα

корито

ταΐστρα

посуда за млеко

δοχείο γάλακτος

врећа

σάκος

ограда

φράχτης

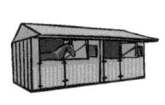

штала

στάβλος

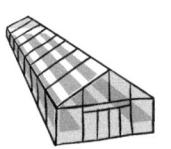

стакленик

θερμοκήπιο

земља

έδαφος

семе

σπόρος

ђубриво

λίπασμα

комбајн

θεριζοαλωνιστική μηχανή

жети
θερίζω

жетва
συγκομιδή

јамс зачин
γιαμς

пшеница
σιτάρι

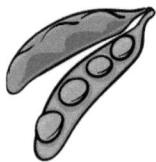

соја
σόγια

крумпир
πατάτα

кукуруз
καλαμπόκι

уљана репица
κράμβη

воћка
οπωροφόρο δέντρο

гомољ маниоке
μανιόκα

житарице
δημητριακά

кућа
σπίτι

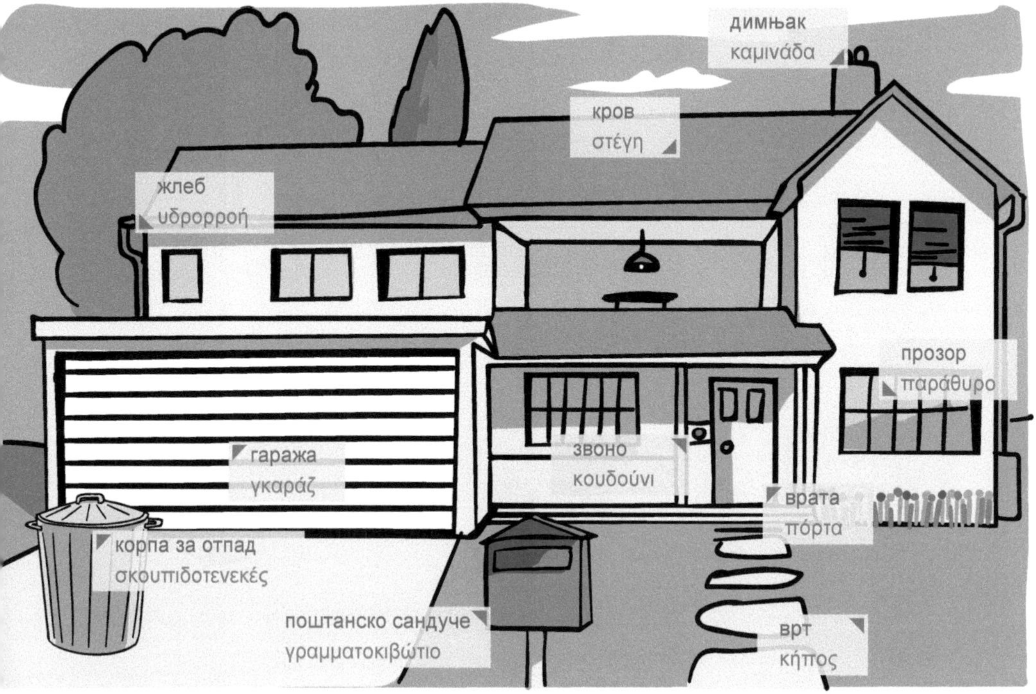

димњак
καμινάδα
кров
στέγη
жлеб
υδρορροή
прозор
παράθυρο
гаража
γκαράζ
звоно
κουδούνι
врата
πόρτα
корпа за отпад
σκουπιδοτενεκές
поштанско сандуче
γραμματοκιβώτιο
врт
κήπος

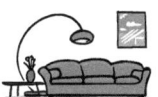

дневна соба

σαλόνι

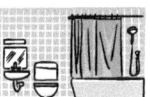

купаоница

μπάνιο

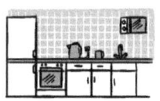

кухиња

κουζίνα

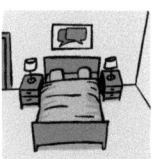

спаваћа соба

υπνοδωμάτιο

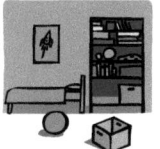

дечија соба

παιδικό δωμάτιο

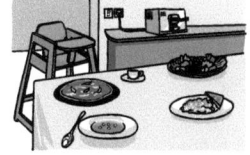

трпезарија

τραπεζαρία

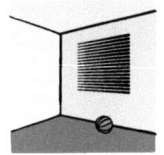

под

πάτωμα

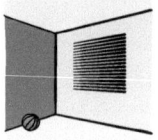

зид

τοίχος

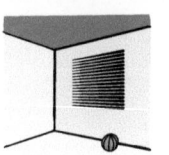

строп

οροφή

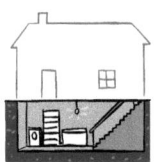

подрум

κελάρι

сауна

σάουνα

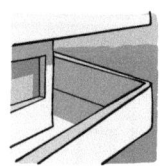

балкон

μπαλκόνι

тераса

βεράντα

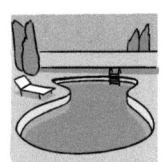

базен

πισίνα

косилица за траву

μηχανή του γκαζόν

постељина за кревет

σεντόνι

дека за кревет

κάλυμμα κρεβατιού

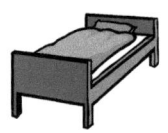

кревет

κρεβάτι

метла

σκούπα

канта

κουβάς

прекидач

διακόπτης

кућа - σπίτι

дневна соба
σαλόνι

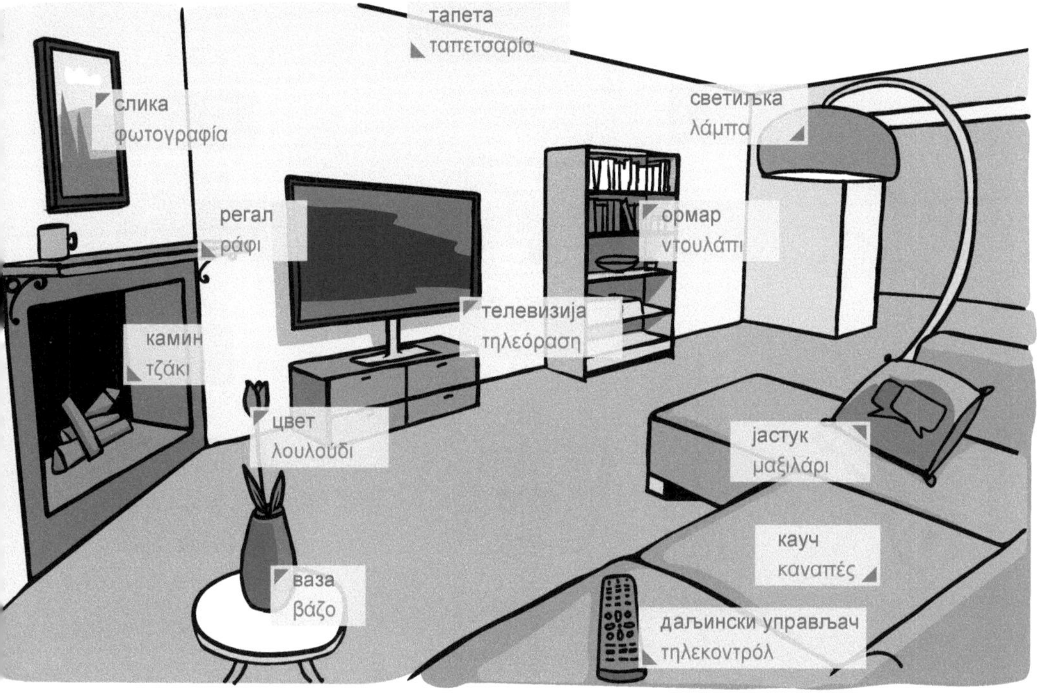
тапета
ταπετσαρία
слика
φωτογραφία
светиљка
λάμπα
регал
ράφι
ормар
ντουλάπι
телевизија
τηλεόραση
камин
τζάκι
цвет
λουλούδι
јастук
μαξιλάρι
кауч
καναπές
ваза
βάζο
даљински управљач
τηλεκοντρόλ

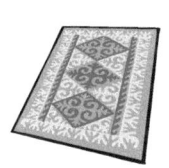

тепих
χαλί

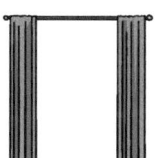

завеса
κουρτίνα

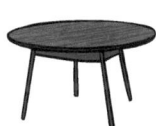

сто
τραπέζι

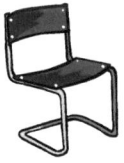

столица
καρέκλα

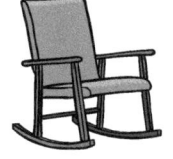

столица за њихање
κουνιστή πολυθρόνα

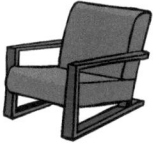

фотеља
πολυθρόνα

књига
βιβλίο

дека
κουβέρτα

декорација
διακόσμηση

дрво за огрев
καυσόξυλα

филм
ταινία

хи-фи уређај
στερεοφωνικό σύστημα

кључ
κλειδί

новине
εφημερίδα

слика на платну
πίνακας ζωγραφικής

постер
αφίσα

радио
ραδιόφωνο

блок за писање
σημειωματάριο

усисивач
ηλεκτρική σκούπα

кактус
κάκτος

свећа
κερί

кухиња
κουζίνα

фрижидер
ψυγείο
микроталасна рерна
φούρνος μικροκυμάτων
кухињска вага
ζυγαριά κουζίνας
тоастер
τοστιέρα
средство за чишћење
απορρυπαντικό
рерна
φούρνος
претинац за замрзавање
κατάψυξη
корпа за отпад
σκουπιδοτενεκές
машина за прање суђа
πλυντήριο πιάτων

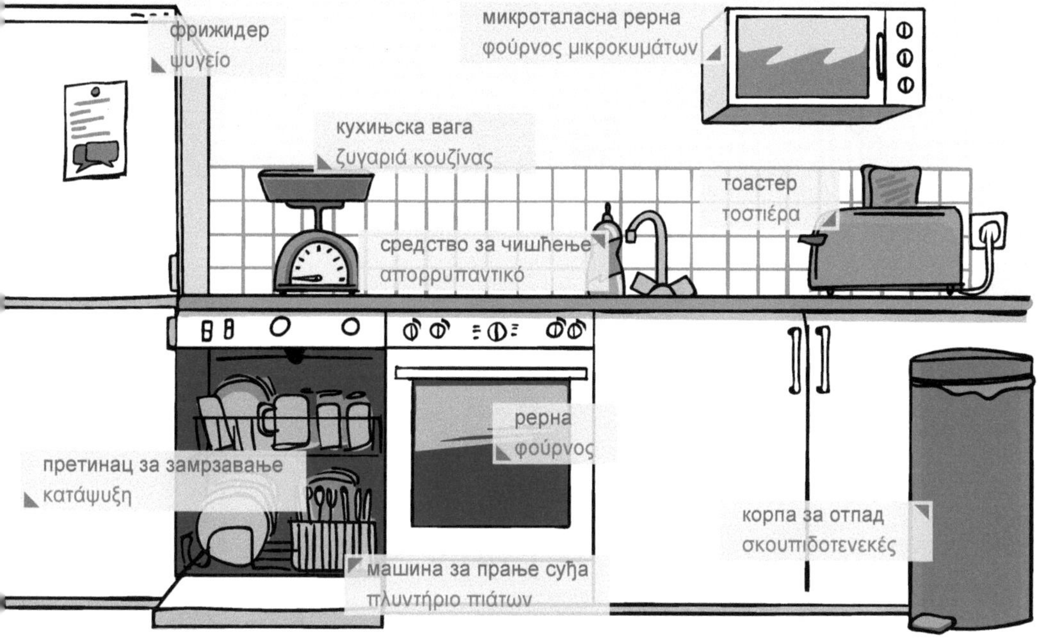

шпорет

κουζίνα

лонац

κατσαρόλα

гвоздени лонац

μαντεμένια κατσαρόλα

вок / кадаи

γουόκ/καντάι

тава

τηγάνι

кувало за воду

βραστήρας

кухиња - κουζίνα

кувало на пару

ατμομάγειρας

лим за печење

ταψί

посуђе

πιατικά

чаша

κούπα

посуда

μπολ

штапићи за јело

ξυλάκια

кутлача

κουτάλα

лопатица

σπάτουλα

пењача

ανακατεύω

сито за кување

σουρωτήρι

сито

σουρωτηράκι

рибеж

τρίφτης

мужар

γουδί

роштиљ

ψησταριά

огњиште

ανοιχτή φωτιά

кухиња - κουζίνα

даска

σανίδα κοπής

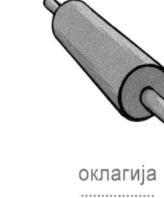

оклагија

πλάστης

вадичеп

ανοιχτήρι φελλών

конзерва

κονσέρβα

отварач конзерви

ανοιχτήρι κονσέρβας

крпа за лонац

γάντι φούρνου

судопер

νεροχύτης

четка

βούρτσα

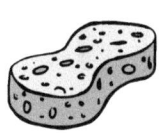

сунђер

σφουγγάρι

миксер

μπλέντερ

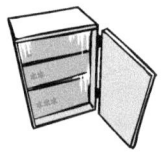

замрзивач

καταψύκτης

флашица за бебе

μπιμπερό

славина за воду

βρύση

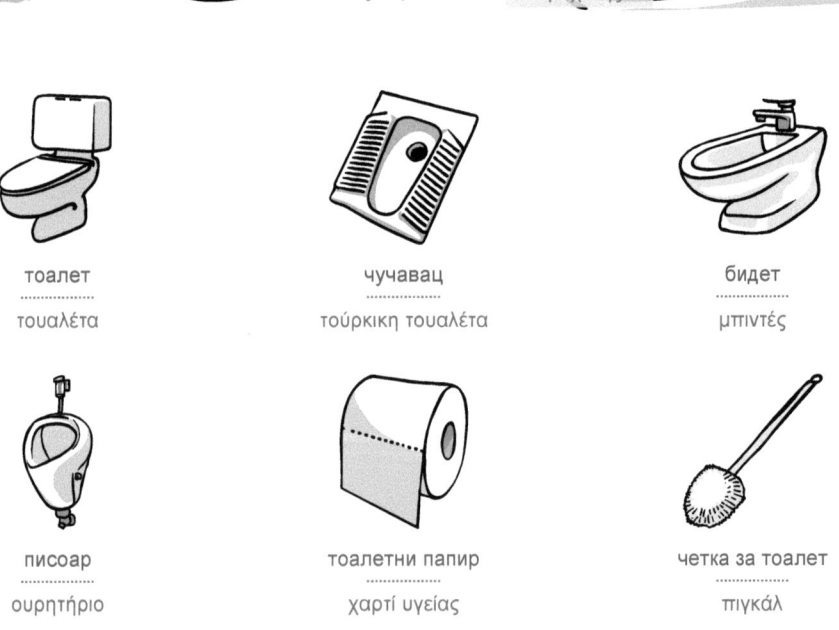

купаоница

μπάνιο

туш
ντους
грејање
θέρμανση
пешкир
πετσέτα
завеса за туш
κουρτίνα ντουζ
пенушава купка
αφρόλουτρο
када
μπανιέρα
чаша
ποτήρι
машина за прање веша
πλυντήριο ρούχων
славина за воду
βρύση
плочице
πλακάκια
тута
γιογιό
судопер
νεροχύτης

тоалет

τουαλέτα

чучавац

τούρκικη τουαλέτα

бидет

μπιντές

писоар

ουρητήριο

тоалетни папир

χαρτί υγείας

четка за тоалет

πιγκάλ

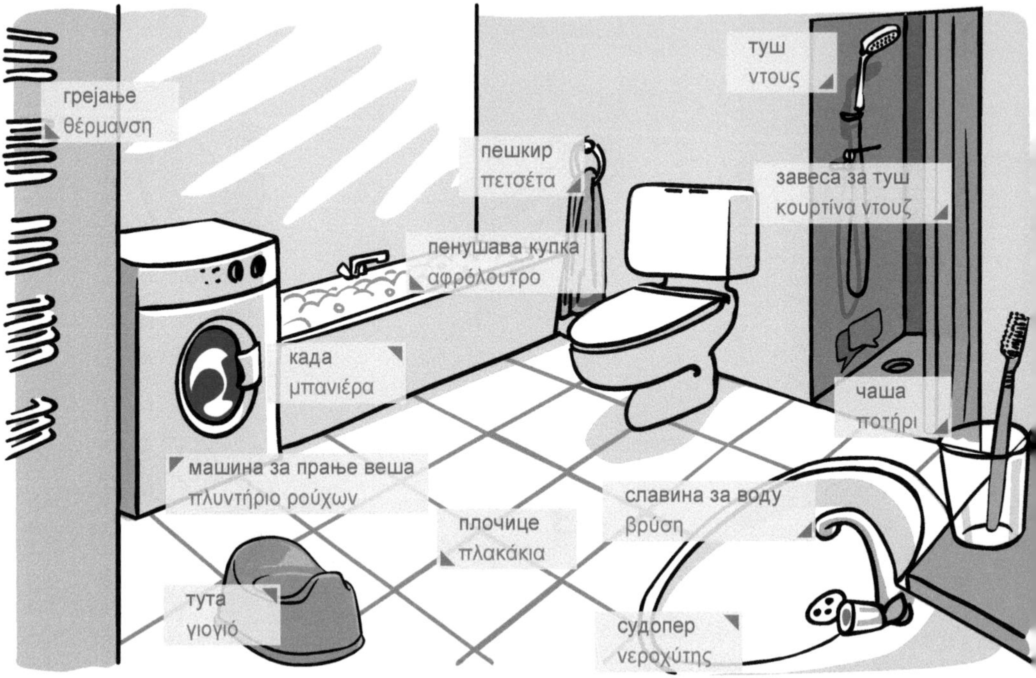

четкица за зубе

οδοντόβουρτσα

паста за зубе

οδοντόκρεμα

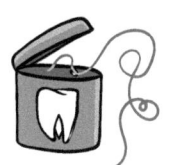

конац за зубе

οδοντικό νήμα

прати

πλένω

туш ручица

τηλέφωνο ντους

туш за прање интимних делова

ντουσιέρα

лавор

λεκάνη

четка за прање леђа

βούρτσα πλάτης

сапун

σαπούνι

гел за туширање

αφρόλουτρο

шампон

σαμπουάν

крпа за прање

φανέλα

одвод

σιφόνι

крема

κρέμα

дезодоранс

αποσμητικό

огледало

καθρέφτης

козметичко огледало

καθρέφτης χειρός

бријач

ξυραφάκι

пена за бријање

αφρός ξυρίσματος

лосион за после бријања

αφτερσέιβ

чешаљ

χτένα

четка

βούρτσα

фен за косу

σεσουάρ

спреј за косу

λακ

шминка

μακιγιάζ

руж за усне

κραγιόν

лак за нокте

βερνίκι νυχιών

вата

βαμβάκι

маказе за нокте

ψαλίδι νυχιών

парфем

άρωμα

козметичка торбица

νεσεσέρ

столица

σκαμπό

вага

ζυγαριά

огртач

μπουρνούζι

рукавице за чишћење

ελαστικά γάντια

тампон

ταμπόν

уложак

πετσέτα υγιεινής

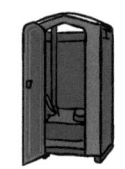

хемијски тоалет

χημική τουαλέτα

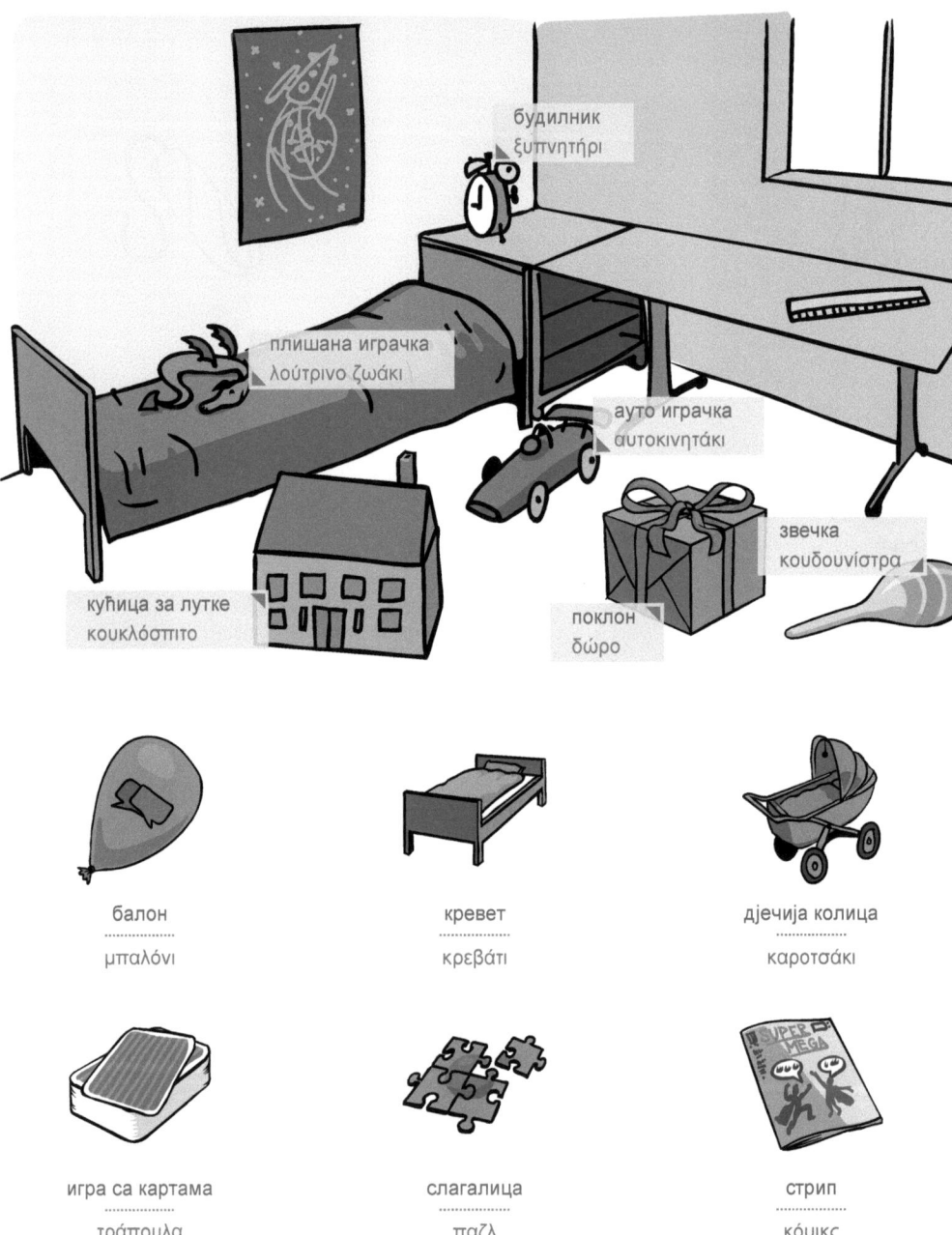

дечија соба
παιδικό δωμάτιο

будилник
ξυπνητήρι
плишана играчка
λούτρινο ζωάκι
ауто играчка
αυτοκινητάκι
звечка
κουδουνίστρα
кућица за лутке
κουκλόσπιτο
поклон
δώρο

балон
μπαλόνι

кревет
κρεβάτι

дјечија колица
καροτσάκι

игра са картама
τράπουλα

слагалица
παζλ

стрип
κόμικς

лего коцкице

τουβλάκια lego

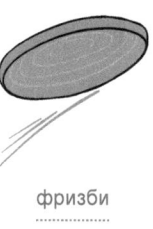

коцкице за слагање

τουβλάκια κατασκευών

акциони јунак

φιγούρα δράσης

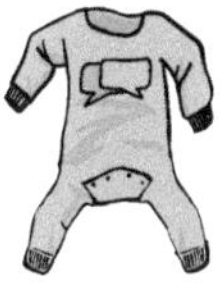

бенкица за бебе

βρεφικό φορμάκι

фризби

φρίσμπι

висеће играчке

μόμπιλο

друштвене игре

επιτραπέζιο παιχνίδι

коцка

ζάρια

минијатурна жељезница

σετ τρενάκι

дуда

πιπίλα

забава

πάρτι

сликовница

εικονογραφημένο βιβλίο

лопта

μπάλα

лутка

κούκλα

играти

παίζω

пешчаник

σκάμμα με άμμο

љуљачка

κούνια

играчка

παιχνίδια

конзола за игре

κονσόλα βιντεοπαιχνιδιών

трицикл

τρίκυκλο

теди

αρκουδάκι

ормар

ντουλάπα

одећа

ρούχα

кратке чарапе

κάλτσες

чарапе

καλτσοδέτες

хулахопке

καλσόν

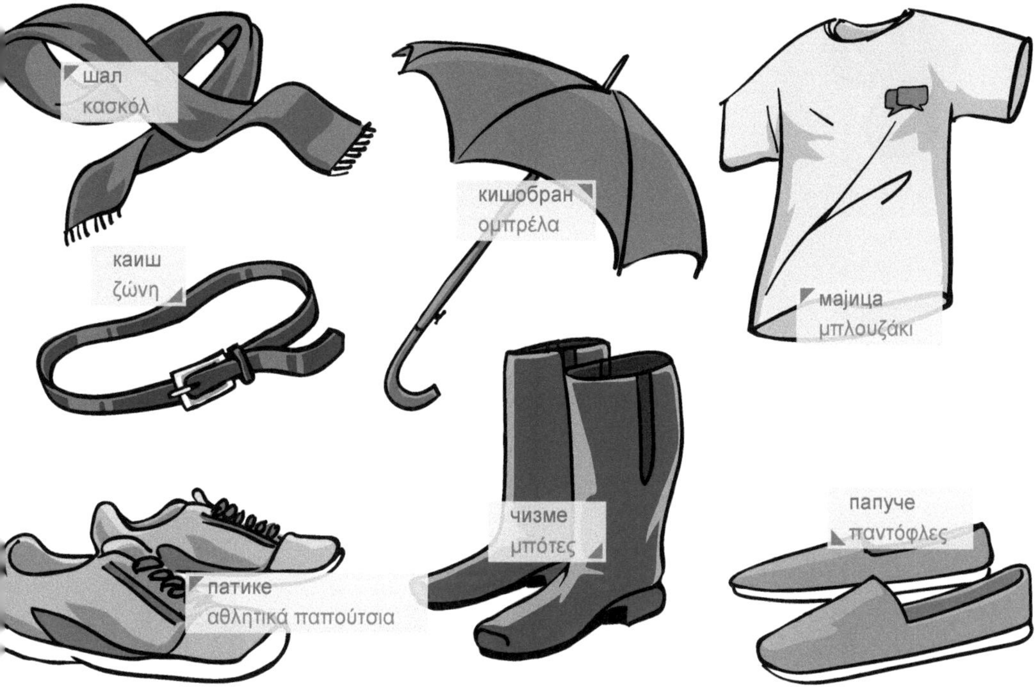

шал
κασκόλ

кишобран
ομπρέλα

каиш
ζώνη

мајица
μπλουζάκι

чизме
μπότες

папуче
παντόφλες

патике
αθλητικά παπούτσια

сандале
σανδάλια

ципеле
παπούτσια

гумене чизме
γαλότσες

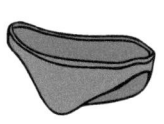

гаћице
εσώρουχο

грудњак
σουτιέν

поткошуља
φανέλα

боди
σώμα

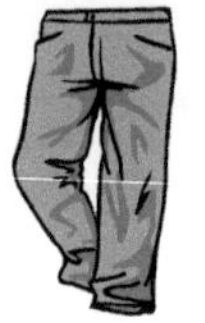

панталоне
παντελόνι

фармерке
τζιν παντελόνι

сукња
φούστα

блуза
μπλούζα

кошуља
πουκάμισο

џемпер
πουλόβερ

џемпер с капуљачом
πουλόβερ

сако
σακάκι

јакна
μπουφάν

мантил
παλτό

кабаница
αδιάβροχο πανωφόρι

костим
κοστούμι

хаљина
φόρεμα

венчаница
νυφικό

одело

κοστούμι

спаваћица

νυχτικό

пиџама

πιτζάμες

сари

σάρι

марама за главу

μαντήλι

турбан

τουρμπάνι

бурка

μπούρκα

кафтан

καφτάνι

абаја

μουσουλμανικό ένδυμα

купаћи костим

ολόσωμο μαγιό

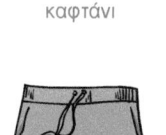

купаће гаћице

ανδρικό μαγιό

кратке панталоне

σορτς

одећа за тренинг

αθλητική φόρμα

кецеља

ποδιά

рукавице

γάντια

дугме

κουμπί

наочаре

γυαλιά

наруквица

βραχιόλι

огрлица

περιδέραιο

прстен

δαχτυλίδι

наушница

σκουλαρίκι

капа

καπέλο

вешалица

κρεμάστρα

шешир

καπέλο

кравата

γραβάτα

патент затварач

φερμουάρ

кацига

κράνος

нараменице

τιράντες

школска униформа

μαθητική στολή

униформа

στολή

одећа - ρούχα

подбрадак

σαλιάρα

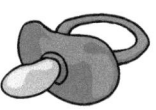

дуда

πιπίλα

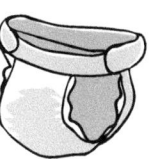

пелена

πάνα

канцеларија
γραφείο

ормар за списе
αρχειοθήκη

сервер
σέρβερ

папир
χαρτί

штампач
εκτυπωτής

монитор
οθόνη

писаћи стол
γραφείο

миш
ποντίκι

мапа
ντοσιέ

тастатура
πληκτρολόγιο

кошара за папир
καλάθι αχρήστων

компјутер
υπολογιστής

столица
καρέκλα

шалица за каву

κούπα του καφέ

калкулатор

κομπιουτεράκι

интернет

ίντερνετ

лаптоп

λάπτοπ

писмо

γράμμα

порука

μήνυμα

мобилни телефон

κινητό

мрежа

δίκτυο

уређај за копирање

φωτοτυπικό μηχάνημα

софтвер

λογισμικό

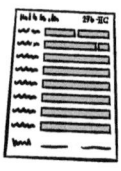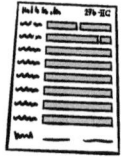

телефон

τηλέφωνο

утичница

πρίζα

факс

συσκευή φαξ

формулар

έντυπο

документ

έγγραφο

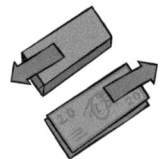

економија
οικονομία

куповати

αγοράζω

платити

πληρώνω

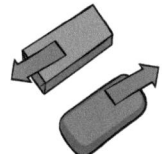

трговати

συναλλάσσομαι

новац

χρήματα

USD

долар

δολάριο

EUR

евро

ευρώ

JPY

јен

γιεν

RUB

рубља

ρούβλι

CHF

швајцарски франак

ελβετικό φράγκο

CNY

ренминдби јуан

ρενμίνμπι γιουάν

INR

рупија

ρουπία

аутомат за новац

ATM (αυτόματη ταμειακή μηχανή)

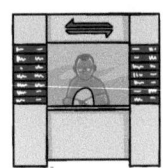

мењачница

ανταλλακτήρια συναλλάγματος

злато

χρυσός

сребро

ασήμι

нафта

πετρέλαιο

енергија

ενέργεια

цена

τιμή

уговор

συμβόλαιο

порез

φόρος

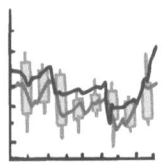

деонице

μετοχή

радити

δουλεύω

службеник

υπάλληλος

послодавац

εργοδότης

фабрика

εργοστάσιο

продавница

κατάστημα

занимања
επαγγέλματα

полицајац
αστυνόμος
ватрогасац
πυροσβέστης
кувар
μάγειρας
лекар
γιατρός
пилот
πιλότος

вртлар

κηπουρός

столар

ξυλουργός

кројачица

μοδίστρα

судија

δικαστής

хемичар

χημικός

глумац

ηθοποιός

возач аутобуса	возач таксија	рибар
οδηγός λεωφορείου	ταξιτζής	ψαράς

 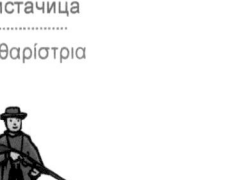 

чистачица	кровопокривач	конобар
καθαρίστρια	τεχνίτης στεγών	σερβιτόρος

ловац	сликар	пекар
κυνηγός	ζωγράφος	αρτοποιός

електричар	грађевински радник	инжењер
ηλεκτρολόγος	οικοδόμος	μηχανολόγος

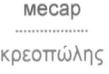 

месар	лимар	поштар
κρεοπώλης	υδραυλικός	ταχυδρόμος

војник
στρατιώτης

архитекта
αρχιτέκτονας

благајник
ταμίας

цвећар
ανθοπώλης

фризер
κομμωτής

кондуктер
ελεγκτής εισιτηρίων

механичар
μηχανικός

капетан
καπετάνιος

зубар
οδοντίατρος

научник
επιστήμονας

раби
ραβίνος

имам
ιμάμης

монах
μοναχός

свећеник
ιερέας

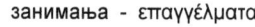

алати

εργαλεία

клешта
πένσα
чекић
σφυρί
одвијач
κατσαβίδι
цепна лампа
φακός
кључ за завртње
Γαλλικό κλειδί

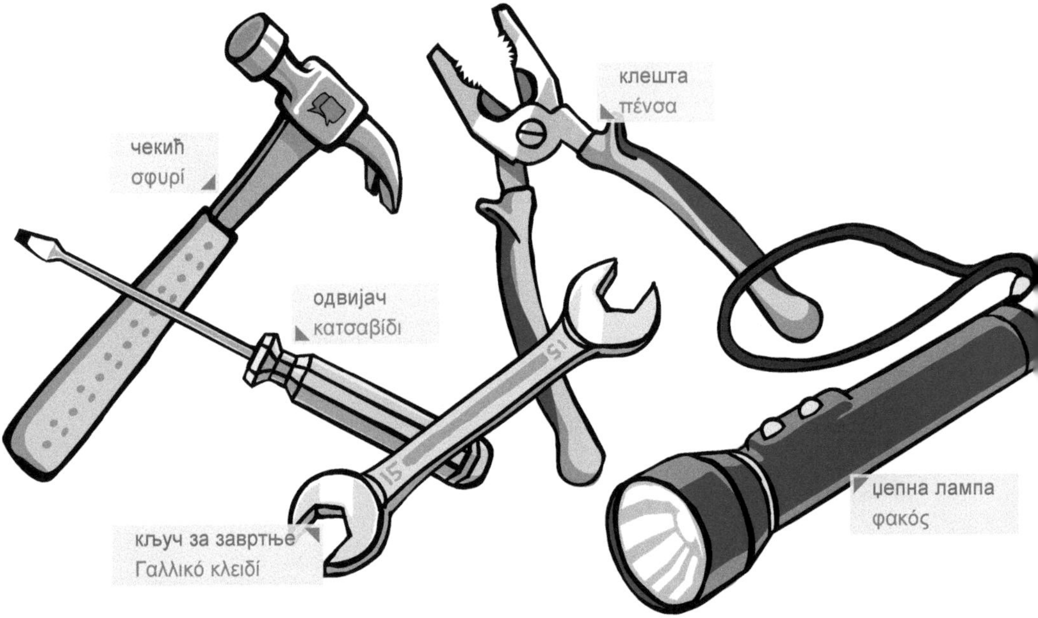

багер

εκσκαφέας

кутија за алат

εργαλειοθήκη

мердевине

σκάλα

пила

πριόνι

ексер

καρφιά

бушилица

τρυπάνι

поправити

επισκευάζω

лопата

φτυάρι

до ђавола!

Να πάρει!

лопатица

φαράσι

лонац за боју

δοχείο χρωμάτων

завртањи

βίδες

музички инструмент
μουσικά όργανα

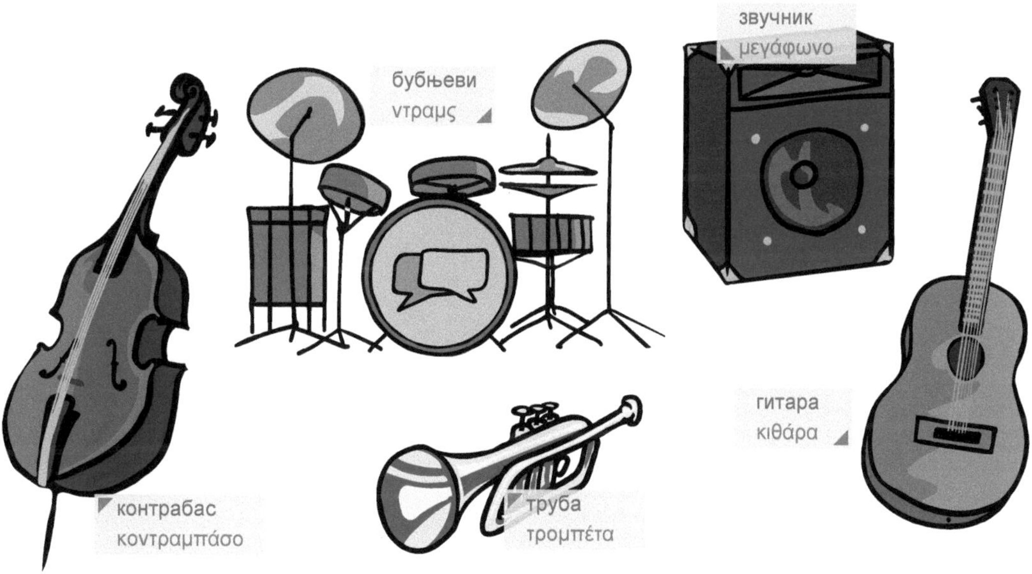

звучник
μεγάφωνο

бубњеви
ντραμς

контрабас
κοντραμπάσο

труба
τρομπέτα

гитара
κιθάρα

клавир

πιάνο

виолина

βιολί

бас

μπάσο

тимпани

τύμπανα

удараљке за бубњеве

τύμπανο

типке клавира

πλήκτρα

саксофон

σαξόφωνο

флаута

φλάουτο

микрофон

μικρόφωνο

зоолошки врт
ζωολογικός κήπος

тигар
τίγρης
улаз
είσοδος
кавез
κλουβί
зебра
ζέβρα
храна за животиње
ζωοτροφή
панда
πάντα

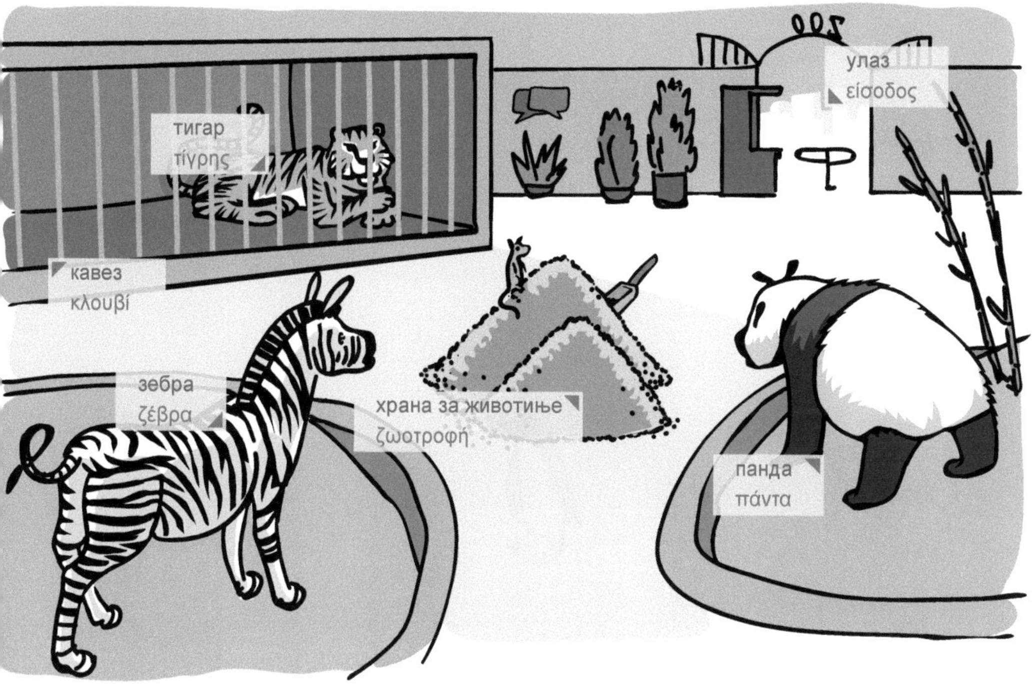

животиње

ζώα

слон

ελέφαντας

кенгур

καγκουρό

носорог

ρινόκερος

горила

γορίλας

медвед

αρκούδα

камила

καμήλα

ној

στρουθοκάμηλος

лав

λιοντάρι

мајмун

πίθηκος

фламинго

φλαμίνγκο

папагај

παπαγάλος

поларни медвед

πολική αρκούδα

пингвин

πιγκουίνος

ајкула

καρχαρίας

паун

παγώνι

змија

φίδι

крокодил

κροκόδειλος

чувар у зоолошком врту

φύλακας ζωολογικού κήπου

туљан

φώκια

јагуар

τζάγκουαρ

пони

πόνυ

леопард

λεοπάρδαλη

нилски коњ

ιπποπόταμος

жирафа

καμηλοπάρδαλη

орао

αετός

дивља свиња

αγριογούρουνο

риба

ψάρι

корњача

χελώνα

морж

θαλάσσιος ίππος

лисица

αλεπού

газела

γαζέλα

спорт
αθλήματα

амерички ногомет
Αμερικάνικο ποδόσφαιρο
бициклизам
ποδηλασία
тенис
αντισφαίριση
кошарка
μπάσκετ
пливање
κολύμβηση
хокеј на леду
χόκεϋ επί πάγου
бокс
πυγμαχία

фудбал

ποδόσφαιρο

бадминтон

μπάντμιντον

атлетика

στίβος

рукомет

χάντμπολ

скијање

σκι

поло

πόλο

активности
δραστηριότητες

скочити
πηδάω
загрлити
αγκαλιάζω
смејати се
γελάω
ићи
περπατάω
певати
τραγουδάω
сањати
ονειρεύομαι
молити се
προσεύχομαι
пољубити
φιλάω

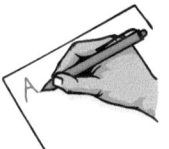

писати
γράφω

цртати
σχεδιάζω

показати
δείχνω

гурати
πιέζω

дати
δίνω

узети
παίρνω

имати
....
έχω

чинити
....
κάνω

бити
....
είμαι

стојати
....
στέκομαι

трчати
....
τρέχω

повлачити
....
τραβάω

бацити
....
ρίχνω

падати
....
πέφτω

лежати
....
ξαπλώνω

чекати
....
περιμένω

носити
....
κουβαλώ

седити
....
κάθομαι

облачити
....
φοράω

спавати
....
κοιμάμαι

пробудити се
....
ξυπνάω

гледати

κοιτάω

плакати

κλαίω

миловати

χαϊδεύω

чешљати

χτενίζω

говорити

μιλάω

разумети

καταλαβαίνω

питати

ρωτάω

слушати

ακούω

пити

πίνω

јести

τρώω

поспремити

συγυρίζω

волети

αγαπάω

кухати

μαγειρεύω

возити

οδηγώ

летети

πετάω

пловити

κάνω ιστιοπλοΐα

рачунати

υπολογίζω

читати

διαβάζω

учити

μαθαίνω

радити

δουλεύω

венчати се

παντρεύομαι

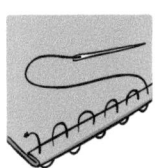

шити

ράβω

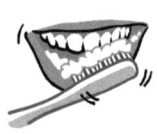

прати зубе

βουρτσίζω τα δόντια

убити

σκοτώνω

пушити

καπνίζω

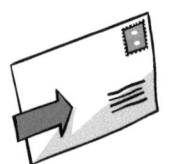

послати

στέλνω

породица
οικογένεια

бака
γιαγιά
деда
παππούς
отац
πατέρας
мајка
μητέρα
беба
μωρό
кћерка
κόρη
син
γιος

гост

καλεσμένος

тетка

θεία

ујак, стриц

θείος

брат

αδελφός

сестра

αδελφή

тело

σώμα

чело
μέτωπο
око
μάτι
раме
ώμος
прст
δάχτυλο
лице
πρόσωπο
брада
πιγούνι
рука
χέρι
нога
πόδι
груди
στήθος
рука
βραχίονας

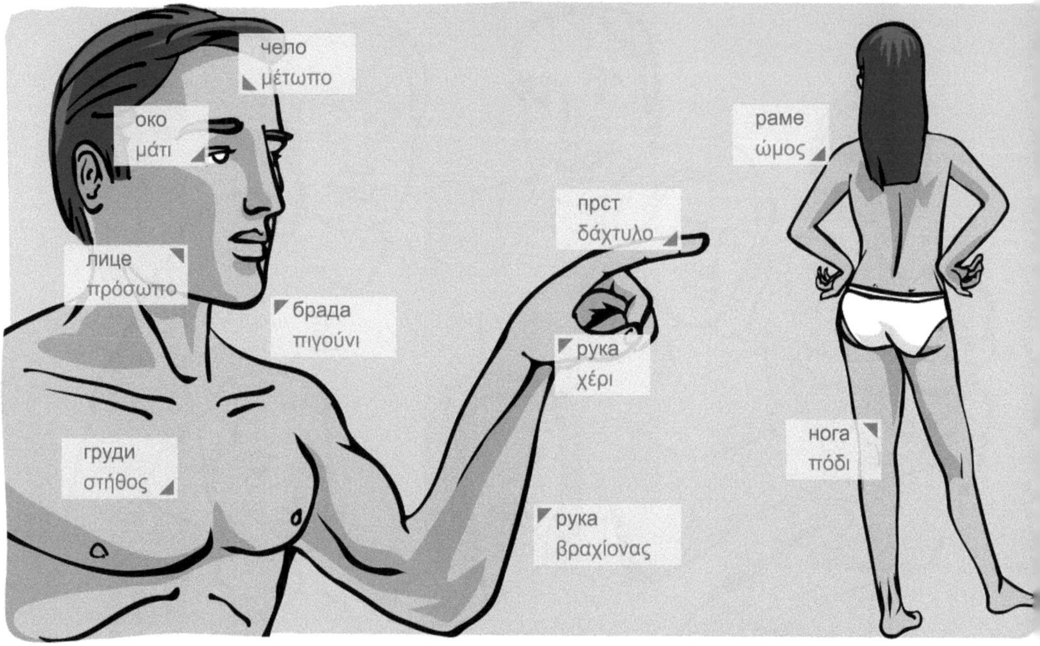

беба

μωρό

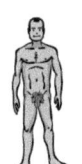

мушкарац

άνδρας

жена

γυναίκα

девојчица

κορίτσι

дечак

αγόρι

глава

κεφάλι

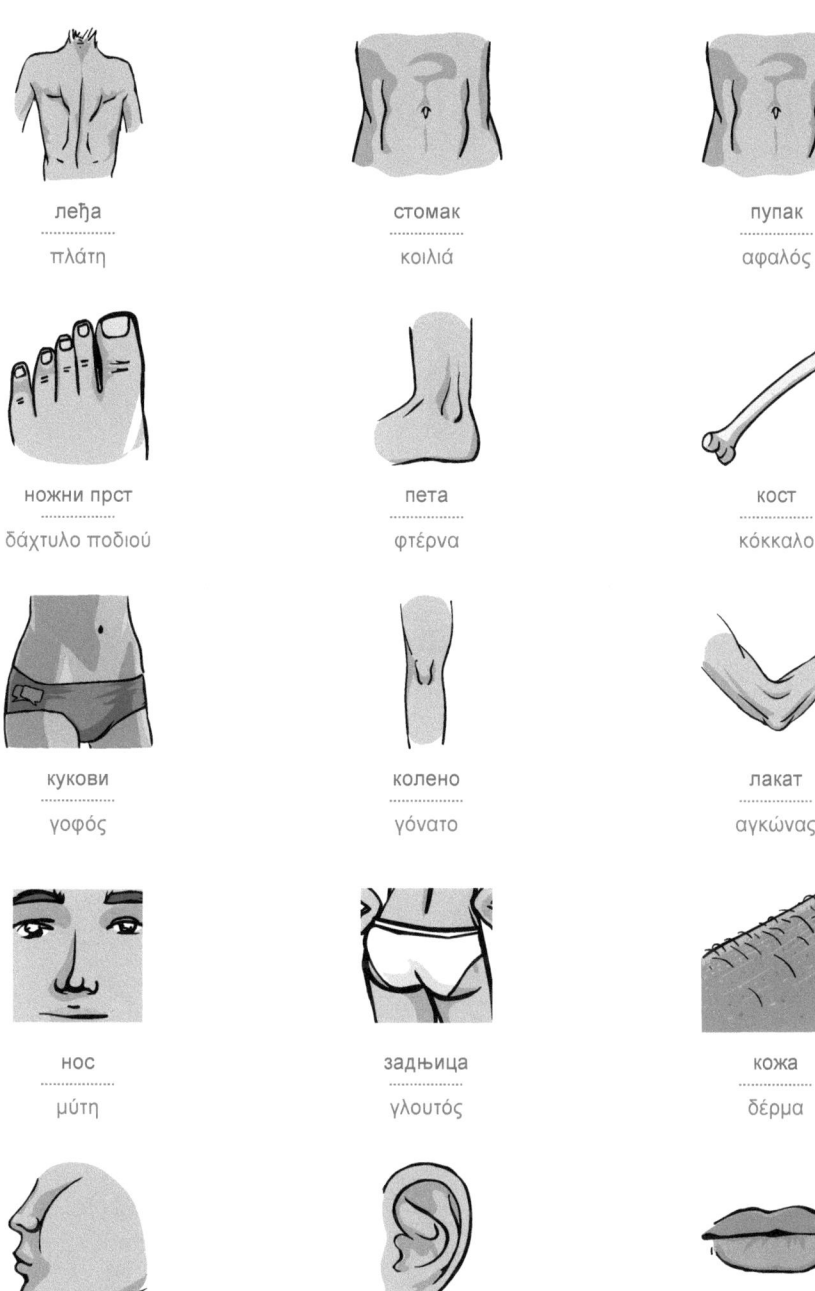

леђа

πλάτη

стомак

κοιλιά

пупак

αφαλός

ножни прст

δάχτυλο ποδιού

пета

φτέρνα

кост

κόκκαλο

кукови

γοφός

колено

γόνατο

лакат

αγκώνας

нос

μύτη

задњица

γλουτός

кожа

δέρμα

образ

μάγουλο

уво

αυτί

усна

χείλος

уста
στόμα

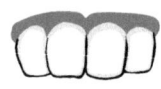

зуб
δόντι

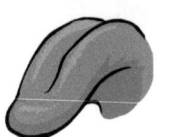

језик
γλώσσα

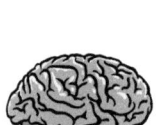

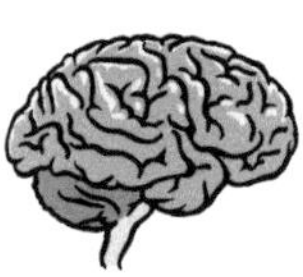

мозак
εγκέφαλος

срце
καρδιά

мишић
μυς

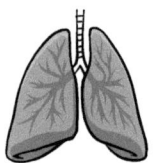

плућа
πνεύμονας

јетра
συκώτι

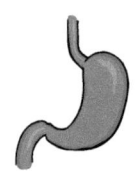

желудац
στομάχι

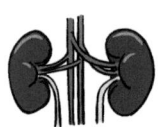

бубрези
νεφρά

полни однос
σεξουαλική επαφή

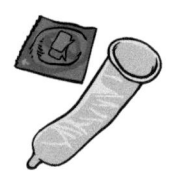

кондом
προφυλακτικό

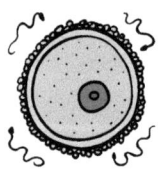

јајна ћелија
ωάριο

сперма
σπέρμα

трудноћа
εγκυμοσύνη

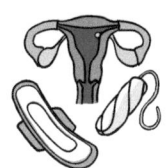

менструација
περίοδος

вагина
γυναικείος κόλπος

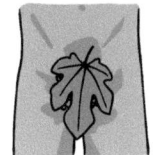

пенис
πέος

обрва
φρύδι

коса
μαλλιά

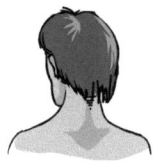

врат
λαιμός

болница
νοσοκομείο

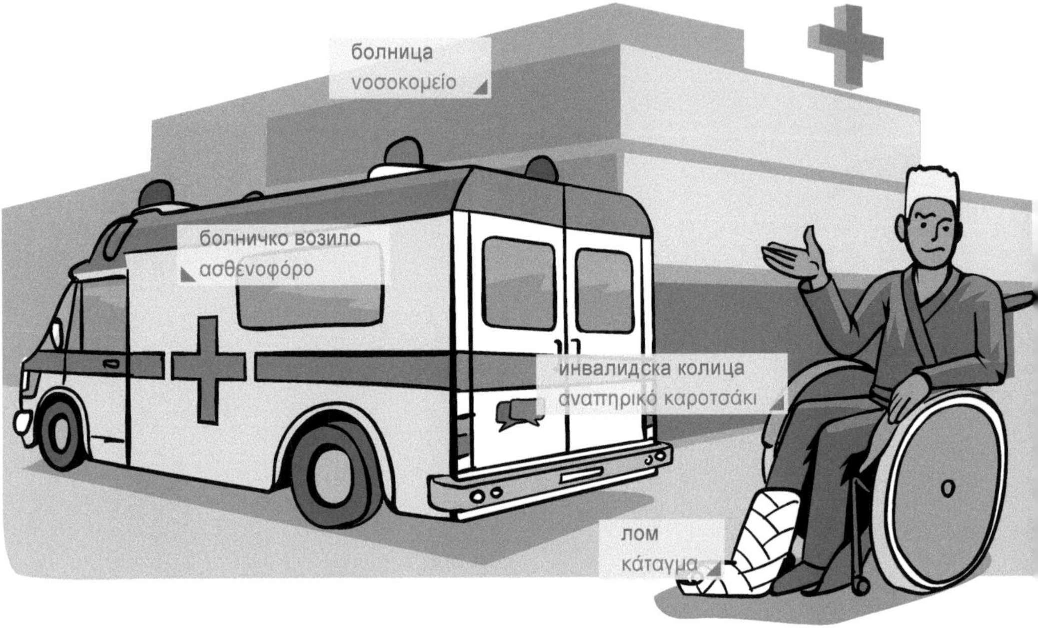

болница
νοσοκομείο
болничко возило
ασθενοφόρο
инвалидска колица
αναπηρικό καροτσάκι
лом
κάταγμα

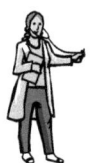

лекар

γιατρός

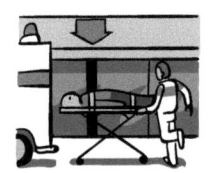

хитна медицинска служба

μονάδα εντατικής θεραπείας

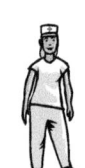

медицинска сестра

νοσοκόμα

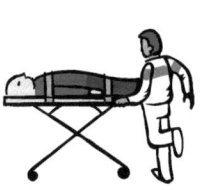

хитни случај

έκτακτη ανάγκη

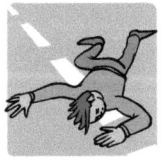

несвест

λιπόθυμος

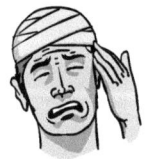

бол

πόνος

повреда

τραύμα

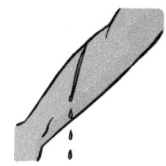

крварење

αιμορραγία

срчани удар

έμφραγμα

удар

εγκεφαλικό

алергија

αλλεργία

кашаљ

βήχας

грозница

πυρετός

грипа

γρίπη

пролив

διάρροια

главобоља

πονοκέφαλος

рак

καρκίνος

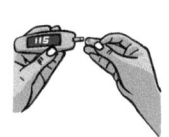

дијабетес

διαβήτης

хирург

χειρουργός

скалпел

νυστέρι

операција

εγχείρηση

цт
αξονική τομογραφία

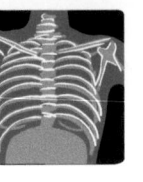

рентген
ακτινογραφία

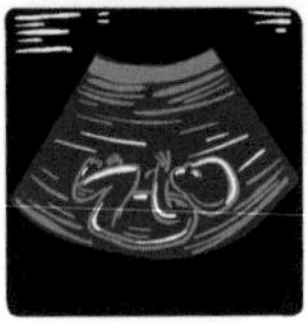

ултразвук
υπέρηχος

маска
μάσκα

болест
ασθένεια

чекаона
αίθουσα αναμονής

штака
πατερίτσα

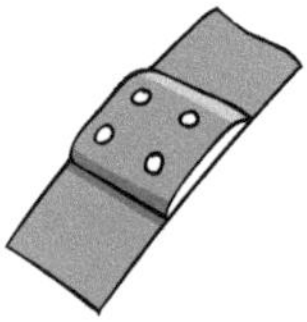

фластер
χάνσαπλαστ

завој
επίδεσμος

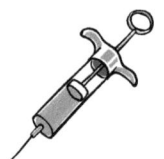

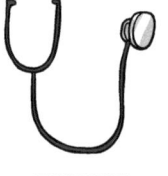

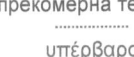

ињекција
ένεση

стетоскоп
στηθοσκόπιο

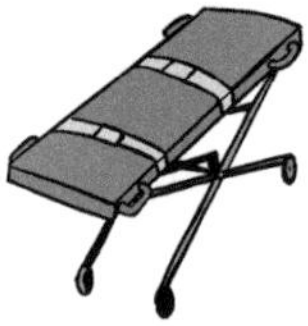

носила
φορείο

термометар
θερμόμετρο

рођење
γέννηση

прекомерна тежина
υπέρβαρο

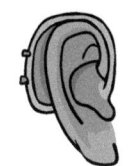

слушни апарат

ακουστικό βαρηκοΐας

средство за дезинфекцију

αντισηπτικό

инфекција

λοίμωξη

вирус

ιός

хив / аидс

HIV/AIDS

медицина

φάρμακο

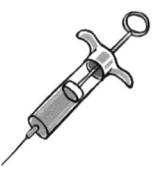

вакцинација

εμβολιασμός

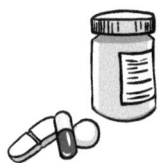

таблете

δισκία

пилула

χάπι

хитни позив

κλήση έκτακτης ανάγκης

уређај за мерење притиска

πιεσόμετρο αίματος

болесно / здраво

άρρωστος / υγιής

хитни случај
έκτακτη ανάγκη

помоћ!

Βοήθεια!

аларм

συναγερμός

насртај

βιαιοπραγία

напад

επίθεση

опасност

κίνδυνος

излаз у случају нужде

έξοδος κινδύνου

пожар!

Φωτιά!

противпожарни апарат

πυροσβεστήρας

незгоца

ατύχημα

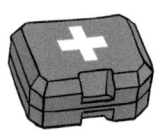

кутија прве помоћи

κουτί πρώτων βοηθειών

SOS

сос

SOS

полиција

αστυνομία

Европа

Ευρώπη

Северна Америка

Βόρεια Αμερική

Јужна Америка

Νότια Αμερική

Африка

Αφρική

Азија

Ασία

Аустралија

Αυστραλία

Атлантик

Ατλαντικός Ωκεανός

Пацифик

Ειρηνικός Ωκεανός

Индијски океан

Ινδικός Ωκεανός

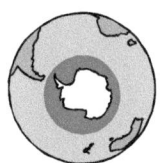

Антарктички океан

Ανταρκτικός Ωκεανός

Арктички океан

Αρκτικός Ωκεανός

Северни рол

Βόρειος Πόλος

Јужни рол

Νότιος Πόλος

Антарктик

Ανταρκτική

земља

Γη

земља

γη

море

θάλασσα

оток

νησί

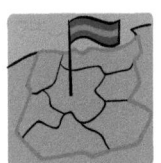

нација

έθνος

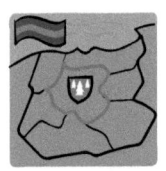

држава

πολιτεία

сат
ρολόι

бројчаник сата

καντράν ρολογιού

сатна казаљка

ωροδείκτης

минутна казаљка

λεπτοδείκτης

секундна казаљка

δείκτης δευτερολέπτων

Колико је сати?

Τι ώρα είναι;

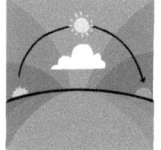

дан

ημέρα

време

χρόνος

сада

τώρα

дигитални сат

ψηφιακό ρολόι

минута

λεπτό

час

ώρα

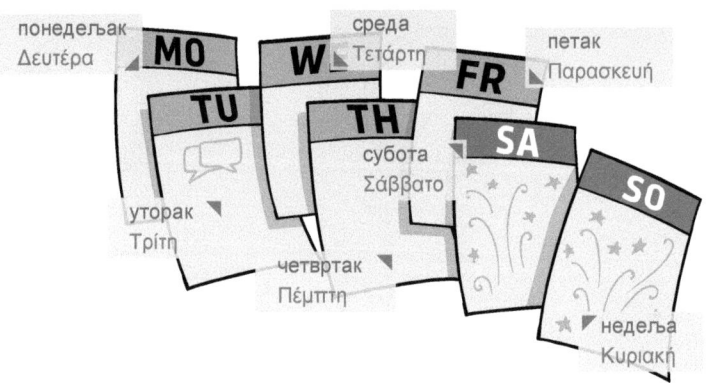

седмица
εβδομάδα

понедељак
Δευτέρα
MO
среда
Τετάρτη
W
петак
Παρασκευή
FR
TU
TH
субота
Σάββατο
SA
SO
уторак
Τρίτη
четвртак
Πέμπτη
недеља
Κυριακή

јуче

χθες

данас

σήμερα

сутра

αύριο

јутро

πρωί

подне

μεσημέρι

вече

βράδυ

радни дани

εργάσιμες ημέρες

викенд

Σαββατοκύριακο

година

έτος

киша
βροχή
дуга
ουράνιο τόξο
ветар
άνεμος
снег
χιόνι
пролеће
άνοιξη
јесен
φθινόπωρο
лето
καλοκαίρι
зима
χειμώνας

4.APRIL 11°
5.APRIL 4°
6.APRIL 13°
7.APRIL 8°
8.APRIL 10°

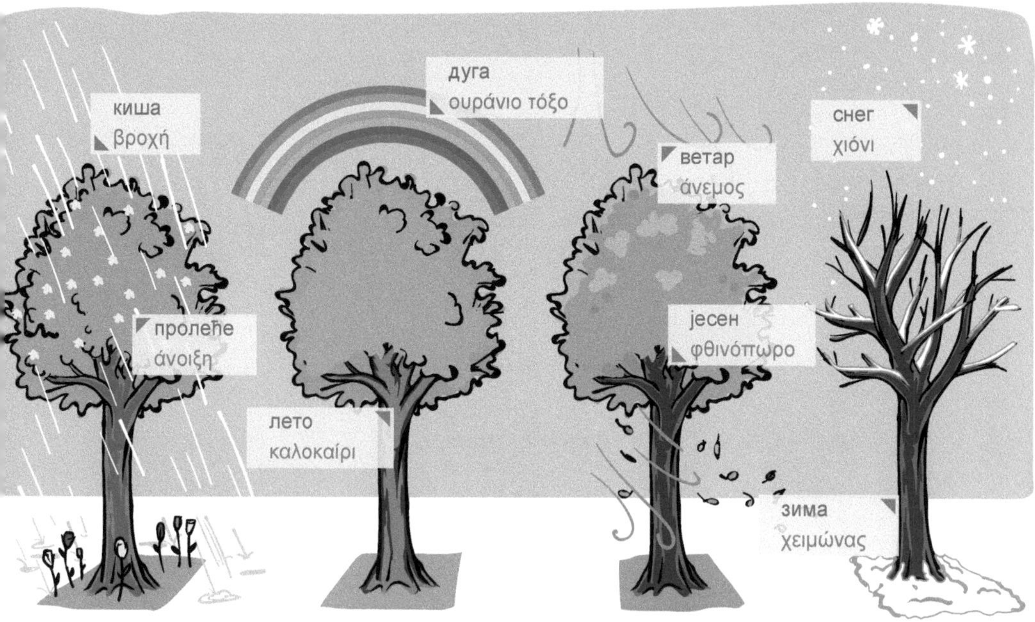

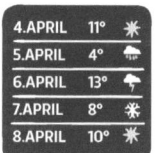

метеоролошка прогноза

πρόγνωση καιρού

F
C
120
90
60
30
0
-30
40
30
20
10
0
-10
-20

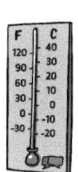

термометар

θερμόμετρο

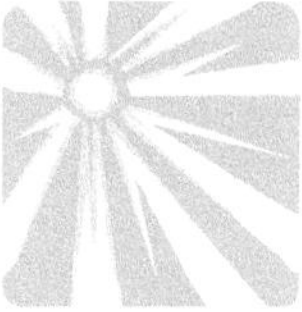

сунчана светлост

λιακάδα

облак

σύννεφο

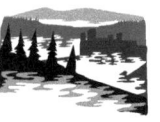

магла

ομίχλη

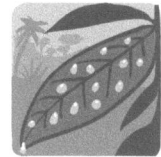

влажност ваздуха

υγρασία

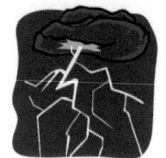

мућа

αστραπή

грмљавина

κεραυνός

олуја

καταιγίδα

туча

χαλάζι

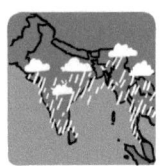

монсун

μουσώνας

поплава

πλημμύρα

лед

πάγος

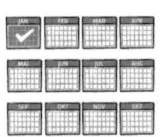

јануар

Ιανουάριος

фебруар

Φεβρουάριος

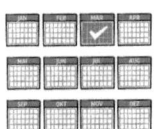

март

Μάρτιος

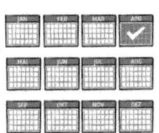

април

Απρίλιος

мај

Μάιος

јуни

Ιούνιος

јули

Ιούλιος

август

Αύγουστος

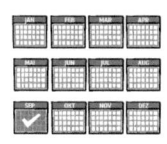

септембар

Σεπτέμβριος

октобар

Οκτώβριος

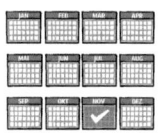

новембар

Νοέμβριος

децембар

Δεκέμβριος

облици
σχήματα

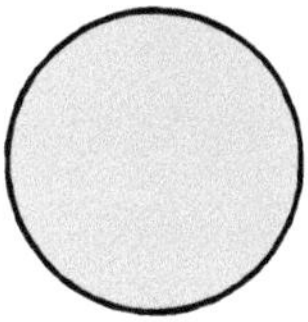

круг

κύκλος

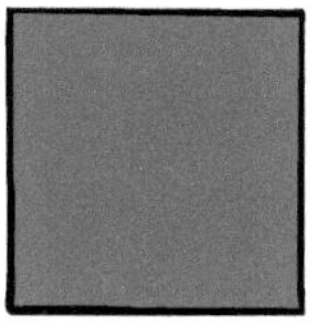

квадрат

τετράγωνο

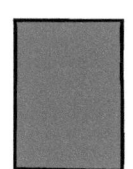

правоугао

ορθογώνιο
παραλληλόγραμμο

троугао

τρίγωνο

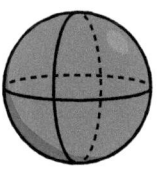

кугла

σφαίρα

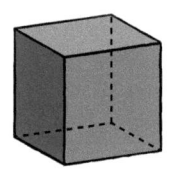

коцка

κύβος

боје
χρώματα

бела

άσπρο

жута

κίτρινο

наранџаста

πορτοκαλί

ружичаста

ροζ

црвена

κόκκινο

љубичаста

μωβ

плава

μπλε

зелена

πράσινο

смеђа

καφέ

сива

γκρι

црна

μαύρο

супротности

αντίθετα

много / мало

πολύ / λίγο

љутито / мирно

θυμωμένος / ήρεμος

лепо / ружно

όμορφος / άσχημος

почетак / крај

αρχή / τέλος

велико / малено

μεγάλος / μικρός

светло / тамно

φωτεινός / σκοτεινός

брат / сестра

αδελφός / αδελφή

чисто / прљаво

καθαρός / λερωμένος

потпуно / непотпуно

πλήρης / ατελής

дан / ноћ

ημέρα / νύχτα

мртво / живо

νεκρός / ζωντανός

широко / уско

φαρδύς / στενός

јестиво / нејестиво

βρώσιμος / μη βρώσιμος

зло / добро

κακός / ευγενικός

узбуђено / досадно

ενθουσιασμένος / βαριεστημένος

дебело / мршаво

παχύς / λεπτός

на почетку / на крају

πρώτος / τελευταίος

пријатељ / непријатељ

φίλος / εχθρός

пуно / празно

γεμάτος / άδειος

тврдо / мекано

σκληρός / μαλακός

тешко / лагано

βαρύς / ελαφρύς

глад / жеђ

πείνα / δίψα

болесно / здраво

άρρωστος / υγιής

илегално / легално

παράνομος / νόμιμος

паметно / глупо

έξυπνος / χαζός

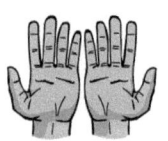

лево / десно

αριστερός / δεξιός

близу / далеко

κοντινός / μακρινός

ново / половно

καινούριος /
μεταχειρισμένος

ништа / нешто

τίποτα / κάτι

старо / младо

γέρος | νέος

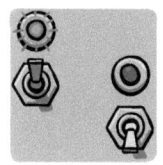

укључено / искључено

αναμμένος / σβηστός

отворено / затворено

ανοιχτός / κλειστός

тихо / гласно

χαμηλόφωνος /
μεγαλόφωνος

богато / сиромашно

πλούσιος / φτωχός

тачно / погрешно

σωστός / λανθασμένος

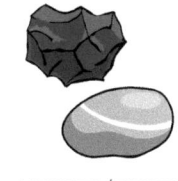

храпаво / глатко

τραχύς / λείος

тужно / сретно

λυπημένος / χαρούμενος

кратко / дуго

κοντός / μακρύς

полако / брзо

αργός / γρήγορος

мокро / сухо

υγρός / στεγνός

топло / хладно

ζεστός / δροσερός

рат / мир

πόλεμος / ειρήνη

бројеви
αριθμοί

0

нула

μηδέν

1

један

ένα

2

два

δύο

3

три

τρία

4

четири

τέσσερα

5

пет

πέντε

6

шест

έξι

7

седам

εφτά

8

осам

οκτώ

9

девет

εννιά

10

десет

δέκα

11

једанаест

έντεκα

12

дванаест

δώδεκα

13

тринаест

δεκατρία

14

четрнаест

δεκατέσσερα

15

петнаест

δεκαπέντε

16

шестнаест

δεκαέξι

17

седамнаест

δεκαεφτά

18

осамнаест

δεκαοκτώ

19

деветнаест

δεκαεννέα

20

двадесет

είκοσι

100

стотину

εκατό

1.000

хиљаду

χίλια

1.000.000

милион

εκατομμύριο

језици
γλώσσες

енглески

Αγγλικά

амерички енглески

Αμερικάνικα Αγγλικά

мандарински кинески

Μανδαρίνικα Κινέζικα

хиндски

Χίντι

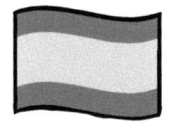

шпански

Ισπανικά

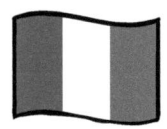

француски

Γαλλικά

арапски

Αραβικά

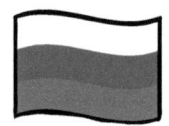

руски

Ρώσικα

португалски

Πορτογαλικά

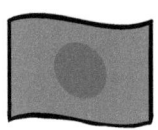

бенгалски

Μπενγκάλι

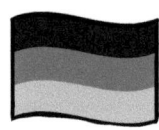

немачки

Γερμανικά

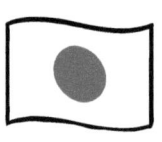

јапански

Ιαπωνικά

ко / шта / како

ποιος / τι / πως

ја

εγώ

ти

εσύ

он / она / оно

αυτός / αυτή / αυτό

ми

εμείς

ви

εσείς

они

αυτοί / αυτές / αυτά

Ко?

ποιος / ποια / ποιο;

Шта?

τι;

Како?

πώς;

Где?

πού;

Када?

πότε;

HELLO, I AM

име

όνομα

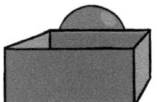

где

που

иза

πίσω

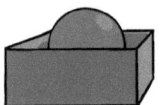

у

μέσα

испред

μπροστά

преко

πάνω από

на

πάνω

испод

κάτω

поред

δίπλα

између

ανάμεσα

место

μέρος